Inhalt

Die Kapitalflussrechnung gewinnt als Controlling-Tool an Bedeutung

Kernthesen

Beitrag

Fallbeispiele

Weiterführende Literatur

Impressum

# Die Kapitalflussrechnung gewinnt als Controlling-Tool an Bedeutung

M. Westphal

Kernthesen

- Rechtliche Änderungen wie auch veränderte Informationsbedürfnisse der Marktteilnehmer führen zu wachsender Bedeutung der Kapitalflussrechnung.
- Das Controlling gewinnt einen neuen Fokus und neue Instrumente.
- Für die externe Unternehmensbewertung gewinnt die Kapitalflussrechnung immer mehr an Bedeutung.
- Der Übergang auf den

Rechnungslegungsstandard IFRS wird nicht problemlos ablaufen.

Beitrag

Rechtliche Änderungen wie auch veränderte Informationsbedürfnisse der Marktteilnehmer führen zu wachsender Bedeutung der Kapitalflussrechnung

Die aktuellen Änderungen im Bereich der Bilanzierung und Berichterstattung von Unternehmen hat auch Einfluss auf das Controlling von Unternehmen. So ermöglicht der Entwurf des Bilanzrechtsreformgesetzes die Anwendung des IFRS im Einzelabschluss. (1)
Zwar besteht für kapitalmarktorientierte Unternehmen ein Wahlrecht, da die Anwendung des IFRS die Rechnungslegung der Unternehmen in hohem und kaum vertretbaren Ausmaße belasten würde und damit der Preis der Anwendung des IFRS dem Wirtschaftlichkeitsprinzip widerspricht.

Sobald sich aber ein Unternehmen zur Anwendung des IFRS entscheidet, muss das, bisher außer bei Großunternehmen wenig beachtete, Controlling-Tool der Kapitalflussrechnung angewandt werden. Aber auch für kapitalmarktorientierte Unternehmen, die sich nicht dem IFRS unterwerfen, erscheint die Aufstellung und Veröffentlichung einer Kapitalflussrechnung sinnvoll, da die Interessenten auf der Kapitalmarktseite die entsprechenden Kennziffern immer häufiger nachfragen.
Bisher war die Kapitalflussrechnung handelsrechtlich ausschließlich im Rahmen des Konzernabschlusses für an einem organisierten Markt notierten Unternehmen relevant. Da aber die Gewinn- und Verlustrechnung sowie die Bilanz den gestiegenen Anforderungen der Marktteilnehmer im Hinblick auf ihr Informationsbedürfnis nicht mehr ausreichend befriedigen, empfiehlt sich die Aufstellung einer Kapitalflussrechnung zumindest als Nebenrechnung wie dieses auch in IAS 7 angeboten wird. (1)

Sogar für mittelständische Kaufleute muss die Informationspflicht an erster Stelle stehen und führt somit zu einer faktischen Pflicht der IFRS-Anwendung. (1)

Die Kapitalflussrechnung gilt im Rahmen der Selbstinformationspflicht des Kaufmanns über seine Finanzlage hinsichtlich der Einzahlungen und

Auszahlungen in der Berichtsperiode als besonders geeignetes Instrument. Mit diesem Instrument wird die Fähigkeit des Unternehmens aufgezeigt, Zahlungsmittel zu beschaffen bzw. finanzielle Überschüsse zu erwirtschaften. Ebenso können vergangene Prognosen damit überprüft werden. Von jedem gewissenhaften Kaufmann sind Kenntnisse über die Ursache, Nachhaltigkeit und Wiederholbarkeit von Zahlungsströmen zu erwarten. (1)

Das Controlling gewinnt einen neuen Fokus und neue Instrumente

Zwar wird eine Rechnungslegung nach den IFRS-Richtlinien wohl keine Auswirkungen auf das operative Controlling haben, ebenso wird die Existenz des Controllings im Sinne der Unternehmenssteuerung durch die Einführung der internationalen Rechnungslegung nicht gefährdet. Aber das verfügbare Datenmaterial wird eine Änderung erfahren, wodurch sich der Controlling-Fokus verschieben wird. Der Grund hierfür sind die zusätzlichen benötigten Informationen, die weitere Arbeitsschwerpunkte eröffnen. Neue Instrumente werden im Berichtswesen hinzukommen wie die IFRS-Abschlusselemente Segmentberichterstattung, Kapitalflussrechung und Eigenkapitalveränderungsrechnung. (3)

Die Kapitalflussrechung kann generell als indirekte oder direkte Rechnung aufgebaut werden, wobei in der gängigen Praxis die indirekte Methode, wie gemäß IAS7 vorgeschrieben, vorherrscht. Dagegen besitzt die direkte Methode, wie sie z. B. in Australien verwendet wird, eine stärkere Anlehnung an die Finanzplanung aufweist und daher höhere Aussagekraft besitzt.
Die Angleichungen zwischen direkter Kapitalflussrechnung und der Finanzplanung stellt sicherlich eine sinnvolle Erweiterung des Controlling-Instrumentariums dar. (3)

Für die externe Unternehmensbewertung gewinnt die Kapitalflussrechnung immer mehr an Bedeutung

Die Kapitalflussrechnung ist in den vergangenen Jahren zu einer wichtigen Quelle der externen Unternehmensbewertung geworden. Allerdings mangelt es bisher noch an der adäquaten Aufbereitung und damit auch Analysemöglichkeit dieses Instruments. Unter Free Cash-Flow wird im Allgemeinen der Saldo aus dem Cash-Flow aus laufender Geschäftstätigkeit und dem Cash-Flow aus Investitionstätigkeit verstanden. So würde z. B. ein negativer Saldo aus Investitionstätigkeit bedeuten, dass das Unternehmen mehr investiert (z. B. Rationalisierungsinvestitionen oder Ausbau von Produktionskapazitäten) als es desinvestiert hat. Dagegen übersteigen bei Unternehmen, die vorwiegend Kapazitäten abbauen und weniger Innovationen in den Produktionsprozess einbringen, die frei werdenden Mittel die Erhaltungsinvestitionen, so dass der entsprechende Cash-Flow positiv ausfällt. (7)

Die Kapitalflussrechnung orientiert sich in ihrer Struktur zum Jahresabschluss an rechtlichen Vorschriften und ist somit nicht auf analytische Vorstellungen ausgerichtet. Daher muss sie aufbereitet werden, um Aussagen über bestimmte Erfolgsgrößen eines Unternehmens wie z. B. Investitionsmöglichkeit zu ermöglichen.
Fragen, die hierbei im Vordergrund stehen, sind:

- Welcher Teil des Cash-Flow aus

Investitionstätigkeit wird für Ersatzinvestitionen benötigt?
- Welcher Teil wird für Erweiterungsinvestitionen verwendet?

Geht man von einer konstanten Geschäftsentwicklung aus, sollte der Saldo zwischen dem Cash-Flow aus laufender Geschäftstätigkeit und Ersatzinvestitionen konstant bleiben. Erweiterungsinvestitionen würden hingegen zu einem höheren Cash-Flow aus laufender Geschäftstätigkeit führen. So müsste dann aber auch der negative Cash-Flow der Berichtsperiode eine Steigerung des betrieblichen Cash-Flow in den Folgeperioden nach sich ziehen. (7)

Für eine detaillierte Erfolgsanalyse ist es aber auch vonnöten, die Bestandteile des Cash-Flow aus Investitionstätigkeit zu trennen in Investitionen in das Finanzanlagevermögen und Investitionen in das Sachanlagevermögen. Die Investitionen in das Finanzanlagevermögen gehören bei Unternehmen, die nicht dem Finanzdienstleistungssektor zuzurechnen sind i. d. R. nicht zum originären Geschäft. Die Investitionen in das Sachanlagevermögen hingegen unterstützen das operative Geschäft. (7)

Gerade der Freie Cash-Flow ist auch für die Überleitung und damit Ermittlung des Shareholder

Values von großer Bedeutung, da der Shareholder Value von Rappaport definiert ist als Gegenwartswert des Freien Cash-Flows in der Prognoseperiode, zuzüglich eines Residualwertes für die Zeit nach der Prognoseperiode sowie des Marktwertes handelsfähiger Wertpapiere. (7)

Eine Kapitalflussrechnung ist aber auch z. B. für Aussagen der Kreditwürdigkeit eines Unternehmens sinnvoll und notwendig. (7)

Der Übergang auf den Rechnungslegungsstandard IFRS wird nicht problemlos ablaufen

Die Rating-Agentur Standard & Poors (S & P) schätzt, dass es beim Übergang in der Rechnungslegung auf den internationalen Standard IFRS zu kurzfristigen Verwerfungen auf den Kapitalmärkten kommen könnte. Zur Vermeidung dieses Umstands empfiehlt S & P den Unternehmen, klar darzulegen, inwieweit die gezeigten Ergebnisse von der Umstellung auf den IFRS beeinflusst seien. S & P hat deshalb einen Fünf-Punkte-Plan vorgelegt, mit dem Emittenten dem Markt die benötigten Informationen liefern könnten. Die Empfehlungen gehen dabei über das vom

Standardsetter IASB Geforderte hinaus. Die Kommunikation mit den Kapitalmärkten sollte in den Augen von S & P von einer umfassenden Erläuterung der bedeutenden Anpassungen gegenüber früheren Finanzberichten in der Gewinn- und Verlustrechnung aber auch der Bilanz geprägt sein. Ebenso sollte eine Überleitungsrechnung nach IFRS für das vorherige Geschäftsjahr aufgeführt werden, die die Veränderungen in der Kapitalflussrechnung umfassend erläutert und die Bilanzierungspolitik und ihre Auswirkungen auf die Höhe der angesetzten Beträge und künftigen Trends darlegt. (6)

Fallbeispiele

Analysiert man die Zahlen des börsennotierten Fussballclubs BVB Borussia Dortmund KGaA kommt dubiose Zahlenakrobatik zum Vorschein. So wird am Anfang des aktuellen Geschäftsberichts ein Cash-Flow von minus 22,2 Millionen Euro ausgewiesen. Dieselbe Kennziffer lautet in der Kapitalflussrechnung im Anhang plötzlich 39 Millionen Euro. Gemäß den Aussagen von Finanz-Analysten ist ein solch hoher Liquiditätsabfluss äußerst ungewöhnlich und war in den vergangenen

Jahren nur bei maroden Unternehmen wie EM.TV oder Philip Holzmann zu finden. (2)

Im Rahmen des bevorstehenden IPO von Premiere wird von Seiten der Analysten bei der Bewertung bemängelt, dass zur Einschätzung des Unternehmenswertes, der z. B. von Premiere mit 2 bis 3,5 Milliarden Euro beziffert wird, nicht ausreichend Daten vorhanden sein. Premiere hat bisher immer nur Erfolgsrechnungen veröffentlicht aber keine Bilanzen oder Kapitalflussrechnungen. Allerdings hat das Unternehmen versprochen, diese Rechenwerke am 01.02.2005 nachzureichen. (5)

Auch bei Versicherungsunternehmen hat die rasante Entwicklung der Rechnungslegung zur Aufstellung einer Kapitalflussrechnung, die die Darstellung der Ein- und Auszahlungen des Unternehmens darstellt, geführt. Dabei sind vom Deutschen Standardisierungsrat (DSR) für die Bestandteile Segmentberichterstattung, Kapitalflussrechnung und Risikobericht besondere Regeln erlassen worden. Für die Kapitalflussrechnung sind diese Regeln im DSR 2-20 kodifiziert. Dieser ergänzt den allgemeinen DRS 2 um branchenspezifische Vorschriften für Versicherungsunternehmen. Versicherungen, die einen Konzernabschluss aufstellen oder in Zukunft aufstellen müssen, müssen diesen Regeln gerecht

werden.
Bei Versicherungsunternehmen wird der Finanzmittelfonds durch Zahlungsmittel und Zahlungsmitteläquivalente abgebildet, die unter der Bilanzposition "Laufende Guthaben bei Kreditinstituten, Schecks und Kassenbestand" ausgewiesen werden.
Bei einer Aufstellung des Jahresabschlusses nach internationalen Rechnungslegungsvorschriften wird empfohlen, zusätzlich die Veränderung der aktivierten Abschlusskosten und die Veränderung bei Wertpapieren im Handelsbestand darzustellen.
Insbesondere bei wachsenden Unternehmen ist ein hoher Cash-Flow aus laufender Geschäftstätigkeit anzutreffen, der nicht zur Ausschüttung zur Verfügung steht.
Versicherungsunternehmen sollten darüber hinaus zusätzlich die Ein- und Auszahlungen für den Cash-Flow aus laufender Geschäftstätigkeit und für Investitionstätigkeit getrennt nach den primären Segmenten aus der Segmentberichterstattung angeben. Hierbei ist der unterschiedliche zeitliche Anfall von Ein- und Auszahlungen beim Lebens- und Nicht-Lebensversicherungsgeschäft zu beachten.
Aufgrund der unterschiedlichen Klassifizierung der deutschen Versicherungsunternehmen in Bezug auf die Strenge der Anwendungsvorschriften, sind im Regelfall bei einem Vergleich der Unternehmen nur die drei Cash-Flows vergleichbar, nicht aber die

einzelnen Positionen. (8)

Weiterführende Literatur

(1) Die Europäische Union hat die Weichen für IFRS gestellt Für Mittelstand adäquates Bilanzierungsinstrument
aus Betriebswirtschaftliche Blätter, Dezember 2004, Nr. 12, S. 628

(2) Mogel-Meister Das Zahlenwerk des Traditionsclubs untersucht Bilanzpapst Professor Karlheinz Küting in einer exklusiven Analyse. Ergebnis: Die Lage ist noch schlimmer als bislang bekannt.
aus Capital vom 11.11.2004, Seite 56

(3) Bruns, Hans-Georg, Auswirkungen der IFRS auf das Controlling, Controlling, Heft 11/2004, S. 647-649
aus Capital vom 11.11.2004, Seite 56

(4) "Aktienanleger besser informieren"
aus Frankfurter Allgemeine Zeitung, 25.01.2005, Nr. 20, S. 21

(5) Neuer Anlauf für deutsche IPO Einige interessante Kandidaten in Sicht – Investoren sind noch zurückhaltend
aus Finanz und Wirtschaft, Seite 31

(6) "Verwerfungen bei Bilanzumstellung"

aus Börsen-Zeitung, 07.12.2004, Nummer 237, Seite 6

(7) "Cash-Flow aus Investitionstätigkeit": Aussagegehalt aus bilanzanalytischer Sicht
aus Bilanzbuchhalter und Controller, Heft 12/2004, S. 274

(8) Die Kapitalflussrechnung von Versicherungsunternehmen
aus Versicherungswirtschaft, 15.12.2004, 59.Jg., Nr. 24, S. 1910

Impressum

Die Kapitalflussrechnung gewinnt als Controlling-Tool an Bedeutung

Bibliografische Information der deutschen Nationalbibliothek

Die Deutsche Nationalbibliothek verzeichnet diese Publikation in der deutschen Nationalbibliografie; detaillierte bibliografische Daten sind im Internet über http://dnb.d-nb.de abrufbar.

ISBN: 978-3-7379-0018-8

© 2015 GBI-Genios Deutsche Wirtschaftsdatenbank GmbH, Freischützstraße 96, 81927 München, www.genios.de

Alle Rechte vorbehalten. Dieses Werk ist einschließlich aller seiner Teile – z.B. Texte, Tabellen und Grafiken - urheberrechtlich geschützt. Jede Verwertung außerhalb der Grenzen des Urheberrechtsgesetzes bedarf der vorherigen Zustimmung des Verlags. Dies gilt insbesondere auch für auszugsweise Nachdrucke, fotomechanische

Vervielfältigungen (Fotokopie/Mikroskopie), Übersetzungen, Auswertungen durch Datenbanken oder ähnliche Einrichtungen und die Einspeicherung und Verarbeitung in elektronischen Systemen.